Carl Maria von Weber

DER FREISCHÜTZ

Complete Vocal and Orchestral Score

Dover Publications, Inc.

New York

This Dover edition, first published in 1977, is an un-
abridged republication of an edition originally published
by C. F. Peters, Leipzig, n.d. (publication number 8449).
In the present edition the introductory matter also appears
in a specially prepared new English translation.

International Standard Book Number: 0-486-23449-5
Library of Congress Catalog Card Number: 76-44120

Manufactured in the United States of America
Dover Publications, Inc.
180 Varick Street
New York, N.Y. 10014

The opera *Der Freischütz* by Carl Maria von Weber (born December 18, 1786; died June 5, 1826) represents the beginning of a new period in the history of the German music drama. With *Der Freischütz* Weber became the creator of the Romantic opera. Even though a few years previously Spohr had given sensitive musical embodiment to the domain of Romanticism in his *Faust*, nevertheless it was *Der Freischütz* that first turned directly and powerfully to the soul of the German people, awakening its richest reverberations.

The basis of the libretto was a short story called "Der Freischütz" in the *Gespensterbuch* (Book of Ghosts) by August Apel and F. Laun. As early as 1810, soon after publication of the *Gespensterbuch*, Weber's friend Alexander von Dusch had told him about the Freischütz story, and the composer had immediately thought of using it in an opera. But the actual carrying out of the necessary reworking got no further than the sketch of a scenario and a few scenes; finally it was given up altogether. It was only in October 1816, on the occasion of a mere hasty discussion with the poet Friedrich Kind in Dresden, that Weber returned to *Der Freischütz*. His move to Dresden in January 1817 brought him and Kind together again and led at once to a closer exchange of ideas about the opera already discussed by the two. Kind said he was ready to dramatize the story, and he set right to work with great enthusiasm. He wrote the libretto in the short space of only nine days. By March 1, 1817, the entire text was ready. Originally it was in four acts. After long resistance Kind consented to omit the two scenes between the Hermit and Agathe that introduced the whole story and to write the beginning as it now stands. In addition, the opera changed names several times. Instead of the original *Der Freischütz*, the title *Der Probeschuss* (The Trial Shot) was chosen, then *Die Jägerbraut* (The Huntsman's Betrothed); finally the first title was restored at the suggestion of Brühl, the director of the Berlin theater, who had accepted the opera for production.

The composition of *Der Freischütz* occupied Weber for an unusually long time. He wrote the first sketch on July 2, 1817, and did not complete the score until May 13, 1820—in fact, not until May 28, 1821, when he finished the second aria for Aennchen which the creator of that role had requested. His official activities [conducting, and composing for court festivities, in Dresden], and other commitments already entered into, did not permit him to work uninterruptedly, and practically nothing was done on the opera in all of 1818. The first draft of the overture was begun on February 22, 1820, and finished on May 13 of that year. That represented the completion of the opera, except for the subsequently composed romance and aria in the third act. At the beginning of May 1821 Weber went to Berlin, where he immediately began rehearsals of his opera. The first performance took place on June 18, 1821, with the composer conducting. It was the first opera to be produced at the new Royal Theater built by Schinkel. For Weber, as for German art in general, it was an unparalleled triumph! The overture was applauded so loudly that it had to be repeated in its entirety. The vociferous enthusiasm of the audience reached its climax during Agathe's big scene in the second act: no one was able to resist the impetuous force of this music. And when the curtain finally fell after the third act, a shout of jubilation was raised that remains unmatched in the history of the German theater. Weber's *Freischütz* was acclaimed as a national achievement and was greeted again and again with stormy demonstrations of approval. Swept away by the opera's genuine enthusiasm and freshness of invention, the German nation found itself truly portrayed in *Der Freischütz*, in which, as in no previous work, the principal elements of German sensibility had received their fullest artistic expression. Translated into almost every European language, Weber's *Freischütz* rapidly conquered the operatic stages of the whole world. But in no other country has *Der Freischütz* exerted so strong and, at the same time, so lasting an influence as in Germany. To the German nation, for which it was created, it represents a jewel of imperishable value, whose luster will not diminish as long as German art lives.

EMIL VOGEL

CHARACTERS

Ottokar, reigning Prince . . . . Baritone
Cuno, the Prince's chief gamekeeper . . . . Bass
Agathe, his daughter . . . . Soprano
Aennchen, a young relative of theirs . . . . Soprano
Caspar, first assistant gamekeeper . . . . Bass
Max, second assistant gamekeeper . . . . Tenor
A Hermit . . . . Bass
Kilian, a peasant . . . . Baritone
Bridesmaid . . . . Soprano
Samiel, the Black Huntsman

Huntsmen and retinue, bridesmaids, countryfolk and musicians, etc.

Scene of the action: In the German mountains.

Time of the action: Shortly after the end of the Thirty Years' War.

CONTENTS
page

Overture   7

Royal Dramatic Performances

Monday, June 18, 1821

In the Playhouse.

For the First Time:

DER FREISCHÜTZ

Opera in three acts (partly based on the folktale *Der Freischütz*)
by F. Kind. Music by Carl Maria von Weber.

Cast:

Ottokar, reigning Count . . . . Mr. Rebenstein.
Cuno, the Count's chief gamekeeper . . . . Mr. Wauer.
Agathe, his daughter . . . . Mrs. Seidler.
Aennchen, a young relative of theirs . . . . Miss Joh. Eunike.
Caspar, first ⎫
Max, second ⎭ assistant gamekeeper . . . . Mr. Blume.
. . . . Mr. Stümer.
Samiel, the Black Huntsman . . . . Mr. Hillebrand.
A Hermit . . . . Mr. Gern.
Kilian, a wealthy peasant . . . . Mr. Wiedemann.
Bridesmaids . . . . Miss Henr. Reinwald, etc.
Huntsmen and Count's retinue . . . . Mr. Michaelis. Mr. Titschow.
Mr. Buggenhagen, etc.

Countryfolk and musicians.
Apparitions.

Scene: In Bohemia. Time: Shortly after the end of the Thirty Years' War.

All the new sets have been designed and painted by the Royal
Scene Painter, Mr. Gropius.

Books of the principal airs may be had at the box office for 4 groschen.

For this performance, only orchestra seats at 12 groschen and
gallery seats at 6 groschen are still available.

The performance begins at 6 P.M., and ends at 9 P.M.

The box office opens at 5 P.M.

In der Geschichte des deutschen Musikdramas bedeutet die Oper Freischütz von Carl Maria von Weber (geb. 18. Dezember 1786, gest. 5. Juni 1826) den Anfang einer neuen Periode. Mit Freischütz ist Weber zum Schöpfer der romantischen Oper geworden. Hatte auch schon einige Jahre zuvor Spohr mit seinem Faust das Gebiet der Romantik in feinsinniger Form musikalisch auszugestalten gewusst, so war es doch erst dem Freischütz vorbehalten, sich mit unmittelbarer Gewalt an die deutsche Volksseele zu wenden und darin den vollsten Wiederhall zu erwecken.

Der Textdichtung liegt eine „Der Freischütz" betitelte Novelle aus dem Gespensterbuch von Aug. Apel und F. Laun zu Grunde. Schon 1810, bald nach dem Erscheinen des Gespensterbuchs, hatte Weber durch seinen Freund Alex. von Dusch den Freischützstoff kennen gelernt und sogleich dessen Verwendung als Oper in Aussicht genommen. Die Ausführung der erforderlichen Umarbeit blieb aber auf den Entwurf eines Scenariums und einiger Auftritte beschränkt und wurde schliesslich ganz aufgegeben. Erst im Oktober 1816, gelegentlich einer nur flüchtigen Besprechung mit dem Dichter Friedrich Kind in Dresden, kam Weber auf den Freischütz wieder zurück. Seine im Januar 1817 erfolgte Uebersiedlung nach Dresden führte ihn mit Kind abermals zusammen und wurde alsbald die Veranlassung zu einem näheren Gedankenaustausch über die bereits in Erwägung gezogene Opernidee. Kind erklärte sich zur Dramatisirung des Stoffes bereit und machte sich sogleich mit vollem Eifer an die Arbeit. Er schrieb den Text in der kurzen Zeit von nur neun Tagen. Schon am 1. März 1817 war die vollständige Dichtung fertiggestellt. Ursprünglich umfasste sie vier Akte. Nach langem Widerstreben verstand sich Kind dazu, die das Ganze einleitenden beiden Scenen zwischen Eremit und Agathe fallen zu lassen und den jetzt bestehenden Anfang herzustellen. Die Oper wechselte übrigens öfters ihren Namen. Statt des anfänglichen „Freischütz" wählte man den Titel „Der Probeschuss", dann „Die Jägerbraut", und griff endlich wieder, nach dem Vorschlage des Berliner Intendanten Brühl, der die Oper zur ersten Aufführung angenommen hatte, auf den ersten Titel zurück.

Die Komposition am Freischütz beschäftigte Weber ungewöhnlich lange Zeit: Am 2. Juli 1817 schrieb er die erste Notenskizze nieder und beendigte die Partitur erst am 13. Mai 1820, eigentlich erst am 28. Mai 1821 in Berlin mit der von der Darstellerin des Aennchen gewünschten zweiten Arie. Seine amtliche Thätigkeit und andere bereits eingegangene Arbeitsverpflichtungen liessen eine andauernde Beschäftigung nicht zu, und fast das ganze Jahr 1818 hindurch blieb die Oper ungefördert. Die Konception der Ouverture wurde am 22. Februar 1820 begonnen und am 13. Mai desselben Jahres vollendet. Damit war denn auch die ganze Oper zum Abschluss gekommen, mit Ausnahme der nachkomponirten Romanze und Arie im 3. Akte. Anfang Mai 1821 reiste Weber nach Berlin und nahm daselbst sogleich die Einstudirung seiner Oper in Angriff. Die erste Vorstellung fand am 18. Juni 1821 unter Leitung des Autors statt, und zwar als erste Oper in dem von Schinkel neu erbauten kgl. Schauspielhause. Sie ward für Weber, sowie für die deutsche Kunst überhaupt, zu einem Triumph ohne Gleichen! Schon die Ouverture errang so starke Stürme des Beifalls, dass sie in ihrer ganzen Ausdehnung wiederholt werden musste. Die jauchzende Begeisterung des Hauses erreichte ihren Höhepunkt im 2. Akte bei der grossen Scene Agathens: Der fortreissenden Gewalt dieser Musik vermochte Niemand zu widerstehen. Und als endlich der Vorhang nach dem 3. Akte gefallen war, erhob sich ein Jubel, wie er in der Theatergeschichte Deutschlands kein zweites Beispiel findet. Webers Freischütz wurde als nationale That gefeiert und immer wieder durch brausende Kundgebungen des Beifalls ausgezeichnet. Hingerissen durch die wahre Begeisterung und frische Erfindung des Werkes, fand sich das deutsche Volk im Freischütz wieder, wo, wie in keinem andern Werke jemals zuvor, die hauptsächlichsten Momente deutschen Empfindens zum vollendetsten künstlerischen Ausdruck gelangt waren. In seinem Texte in fast alle europäischen Sprachen übersetzt, eroberte sich Webers Freischütz in raschem Fluge die Opernbühnen der ganzen Welt. In keinem andern Lande aber hat der Freischütz so starken und zugleich so nachhaltigen Einfluss ausgeübt als in Deutschland. Für die deutsche Nation, für die er geschaffen, bedeutet er ein Kleinod von unvergänglichem Werthe, dessen Glanz nicht vergehen wird, so lange eine deutsche Kunst lebt.

Emil Vogel.

PERSONEN.

Ottokar, regierender Fürst . . . . Bariton.
Cuno, fürstlicher Erbförster . . . . Bass.
Agathe, seine Tochter . . . . Sopran.
Ännchen, eine junge Verwandte . . . . Sopran.
Caspar, erster Jägerbursche . . . . Bass.
Max, zweiter Jägerbursche . . . . Tenor.
Ein Eremit . . . . Bass.
Kilian, ein Bauer . . . . Bariton.
Brautjungfer . . . . Sopran.
Samiel, der schwarze Jäger.

Jäger und Gefolge, Brautjungfern, Landleute und Musikanten etc.

Ort der Handlung: Im deutschen Gebirge.

Zeit der Handlung: Kurz nach Beendigung des dreissigjährigen Krieges.

INHALT.

Königliche Schauspiele.

Montag, den 18. Juny 1821.

Im Schauspielhause.

Zum Erstenmale:

DER FREISCHÜTZ.

Oper in 3 Abtheilungen (zum Theil nach dem Volksmärchen: Der Freischütz), von F. Kind. Musik von Carl Maria v. Weber.

Personen:

Ottokar, regierender Graf	Hr. Rebenstein.
Cuno, gräflicher Erbförster	Hr. Wauer.
Agathe, seine Tochter	Mad. Seidler.
Annchen, eine junge Verwandte	Mlle. Joh. Eunike.
Caspar, erster ⎫ Jägerbursch	Hr. Blume.
Max, zweiter ⎭	Hr. Stümer.
Samiel, der schwarze Jäger	Hr. Hillebrand.
Ein Eremit	Hr. Gern.
Kilian, ein reicher Bauer	Hr. Wiedemann.
Brautjungfern	Mlle. Henr. Reinwald etc.
Jäger und Gefolge des Grafen	Hr. Michaelis. Hr. Titschow.
Landleute und Musikanten.	Hr. Buggenhagen etc.
Erscheinungen.	

Scene: In Böhmen. Zeit: kurz nach Beendigung des dreissigjährigen Krieges.

Die sämmtlich neuen Decorationen sind von dem Königl. Decorations-Maler Herrn Gropius gezeichnet und gemalt.

Arienbücher sind das Stück für 4 Groschen an der Kasse zu haben.

Zu dieser Vorstellung sind nur noch Parterre-Billets à 12 Gr. und Amphitheater-Billets à 6 Gr. zu haben.

Anfang 6 Uhr; Ende 9 Uhr.

Die Kasse wird um 5 Uhr geöffnet.

Der Freischütz.
Ouvertüre.

C. M. von WEBER.

Vcello. e Basso.

22

Open space before an inn in the forest, Max is seated at a table in the foreground, a mug of beer before him. At the back, a target, surrounded by a crowd.

Erster Akt.

Erste Scene.

Platz vor einer Waldschenke, sogenanntem Schenkgiebel... M a x (sitzt allein im Vordergrund rechts an einem Tisch, vor sich den Krug, im Hintergrund eine Vogelstange, von Volksgetümmel umgeben.)

1. INTRODUCTION.

to _ ria,   Victoria,Vic_to_ria,Vic_to_ria,Vic_to _ _ _ _ ria, Victoria,Vic _ to _ ria,Vic_to_ria,Vic_

to _ ria,   Victoria,der Meister soll le _ ben,   Victoria,Vic_to _ ria, Victoria,der Meister soll le _ ben,

to _ ria,   Victoria,Vic_to_ria,der Meister soll leben,   Victo_ri_a, Victoria,Vic_to_ria, der Meister soll

general rejoicing
(Allgemeiner Jubel.
Die Stange wird herabgelassen.)
pole & target are taken down

to _ _ _ _ ria!

Vic_to_ria,Vic_to_ _ _ria!

leben,   Vic_to_ri_a!

Max strikes his rifle on the ground & leans it against a tree.

Max: „Immer frisch, schreit, schreit!" (Er stampft mit der Büchse auf den Boden und lehnt sie an einen Baum.) „War ich denn blind? sind die Sehnen dieser Faust erschlafft?"

Tempo di Marcia.

procession is formed, headed by a band of Bohemian mountaineers playing this march.
peasant lads carry the last star struck out of
the target on the pt. of an old sword

Bauern-Marsch.

Clarinetto in C.

Corni in G.

sempre fortissimo

Tromba in C.

Quasi ad libitum.

Violino I.

sempre fortissimo

Violino II.

Violoncello.

ff

ff

Spielleute auf dem Theater.

Tempo di Marcia.

Viol. I.

f

Viol. II.

f

Viola.

f

others bear prizes

Kilian, w/ribbons & stars

(Es ordnet sich der Zug, vorn die Musikanten, diesen Marsch spielend. Dann Bauernknaben, die das letzte Stück der Scheibe auf einem alten Degen und mancherlei Zinngeräth als Gewinn tragen. Hierauf Kilian als Schützenkönig, mit gewaltigem Strauss und Ordensbande, worauf die von ihm getroffenen Sterne befestigt sind. Schützen mit Büchsen, mehrere mit Sternen auf Mützen und Hüten, Weiber und Mädchen folgen.)

f

huntsmen, w/rifles, women & girls: They process around the stage & as they pass
Max, pt. & mock him.

(Der Zug geht im Kreise herum, und alle, die bei M a x vorbei kommen, deuten höhnisch auf ihn, verneigen sich, flüstern u. lachen.)

(Zuletzt bleibt K i l i a n vor ihm stehen, wirft sich in die Brust und singt:)

Kilian stands over him w/ overbearing attitude

Auf dem Theater.

Im Orchester.

Viol. I.

Viol. II.

Viola.

Bassi.

Max springs up, draws his sword & siezes K. by the chest.

Fl.
Ob.
Clar.
Fag.
Corni.
Viol. I.
Viol. II.
Vcl.

Auf dem Theater.

Viol. I.
Viol. II.
Viola.

(Nach dem 3ten Vers springt **Max** auf, zieht den Hirschfänger, und fasst **Kilian** bei der Brust.) **Max:** Lass mich zufrieden oder— (Getümmel auf **Max** eindringend.)

Zweite Scene.

Vorige, Cuno, Caspar, Jäger
mit Büchsen und Jagdspiessen.

Cuno. Was gibt's hier! Pfui! Dreissig über Einen! Wer untersteht sich meinen Jägerburschen anzutasten?

Kilian (von Max losgelassen, aber immer noch furchtsam). Alles in Güte und Liebe, werthester Herr Erbförster, nicht so böse gemeint. Es ist Herkommen bei uns, dass wer stets gefehlt hat, vom Königsschusse ausgeschlossen und dann ein wenig gehänselt wird— Alles in Güte und Liebe.

Cuno (heftig). Stets gefehlt? Wer? Wer hat das?

Kilian. Es ist freilich arg, wenn der Bauer einmal über den Jäger kommt, aber da fragt ihn nur selbst.

Max. Ich kann's nicht läugnen, ich habe nie getroffen.

Caspar (für sich). Dank Samiel!

Cuno. Max! Max! Ist's möglich? Du sonst der beste Schütz' weit und breit! Seit vier Wochen hast du keine Feder nach Hause gebracht, und auch jetzt?— Pfui der Schande!

Caspar. Glaube mir, Kamerad, es ist, wie ich dir gesagt habe: es hat dir Jemand einen Waidmann gesetzt, und den musst du lösen, oder du triffst keine Klaue.

Cuno. Possen!

Caspar. Das meine ich eben, so etwas ist leicht gemacht, lass dir rathen, Kamerad! Geh' nächsten Freitag auf einen Kreuzweg, zieh' mit dem Jagdspiess einen Kreis um 'dich und rufe dreimal den Namen—

Cuno. Schweig'! vorlauter Bube! Ich kenne dich längst, du bist ein Tagedieb, ein Schlemmer, ein falscher Würfler; hüte dich, dass ich nicht noch Aergeres von dir denke— kein Wort, oder du hast auf der Stelle den Abschied. Aber auch du Max, sieh' dich vor. So gewogen ich dir bin, so sehr

es mich freut, dass der Herr Fürst Sohnesrecht auch auf den Eidam übertragen will— fehlst du morgen beim Probeschuss, so ist dennoch Mädchen und Dienst für dich verloren.

Max. Morgen? morgen schon?

Ein Jäger. Was ist das eigentlich mit dem Probeschuss? Schon oft haben wir davon gehört.

Kilian. Ja, auch wir, aber noch hat uns Niemand die wahre Bewandtniss zu sagen gewusst.

Die Jäger. O, erzählt uns, Herr Cuno!

Cuno. Meinetwegen! Zum Hoflager kommen wir noch zeitig genug.— Mein Urälter-Vater, der noch im Forsthause abgebildet steht, hiess Cuno, wie ich, und war fürstlicher Leibschütz. Einst bei einer Jagd trieben die Hunde einen Hirsch heran, auf welchem ein Mensch angeschmiedet war— so grausam bestrafte man in jenen Zeiten die Waldfrevler, dieser Anblick erregte das Mitleid des damaligen Fürsten. Er versprach demjenigen, welcher den Hirsch erlege, ohne den Missethäter zu verwunden, eine Erbförsterei und zur Wohnung das nahe gelegene Waldschlösschen. Der wackere Leibschütz, mehr aus eigenem Erbarmen, als wegen der grossen Verheissung— besann sich nicht lange, er legte an, der Hirsch stürzte, und der Wilddieb blieb unversehrt.

Die Weiber. Gott sei Dank! Der arme Wilddieb!

Die Männer. Brav! brav! Das war ein Meisterschuss!

Caspar. Oder ein Glücksfall, wenn nicht vielleicht gar—

Max. Ich möchte der Cuno gewesen sein. (Starrt zu Boden und versinkt in Gedanken.)

Cuno. Auch mein Urvater freute sich über die Rettung des Unglücklichen, und der Fürst erfüllte in allem seine Zusage.

Kilian. So? also davon schreibt sich der Probeschuss her! Nachbarn und Freunde, nun weiss man's doch auch.

Cuno. Hört noch das Ende— Es ging damals wie jetzt, (mit einem Blick auf Caspar) dass der böse Feind immer Unkraut unter den Weizen säet. Cuno's Neider wussten es an den Fürsten zu bringen, der Schuss sei mit Zauberei geschehen, Cuno habe nicht gezielt, sondern eine Freikugel geladen.

Caspar. Dacht' ich's doch. (Für sich.) Hilf Samiel!

Kilian (zu einigen Bauern). Eine Freikugel! Das sind Schlingen des bösen Feindes; meine Grossmutter hat mir das erklärt. Sechse treffen, aber die siebente gehört dem Bösen, der kann sie hinführen, wohin's ihm beliebt.

Caspar. Alfanzerei! Nichts als Naturkräfte.

Cuno. Aus diesem Grunde machte der Fürst bei der Stiftung den Zusatz: „Dass Jeder von Cuno's Nachkommen, wolle er Erbförster werden, zuvor einen Probeschuss ablege." Ich meinerseits habe einen Kaiserthaler von einem Reisslein geschossen; was unser gnäd'ger Herr dem Max morgen aufgeben wird— wer kann's wissen? Doch nun genug. (Zu den Jägern, die mit ihm gekommen.) Wir wollen uns wieder auf den Weg machen. Du aber, Max, magst noch einmal zu Hause nachsehen, ob sämmtliche Treibleute angelangt sind.— Du solltest mich dauern, guter Bursch. Nimm dich zusammen, der Waidmann, der dir gesetzt ist, ist die Liebe. Noch vor Sonnenaufgang erwarte ich dich beim Hoflager.

2. TERZETT mit CHOR.

lu _ stig die Hörner erschallen! Wenn wiederum Abend er _ graut, _____ soll Echo und Felsenwand

lu _ stig die Hörner erschallen! Wenn wiederum Abend er _ graut, _____ soll Echo und Felsenwand

lu _ stig die Hörner erschallen, wenn wiederum Abend er _ graut, _____ soll Echo und Felsenwand hal _ len: Sa!

las _ sen die Hörner erschallen,

las _ sen die Hörner erschallen, wenn wiederum Abend er _ graut, _____ soll Echo und Felsenwand hal _ len: Sa!

Braut!_____ Lasst lu _ stig die Hörner erschallen, wenn wie _ derum Abend ergraut, dass E _ cho und

lu _ _ stig die Hör _ ner er _ schal _ len, dass E _ _

Braut!_____ Lasst lu _ _ stig die Hör _ ner er _ schal _ len, dass E _ _

Braut!_____ Wenn wie _ der _ um A _ _

Braut!_____ Wir las _ sen die

Braut!_____ Wir las _ sen die

49

E_cho und Fel_senwand hal_len: Sa! hussa! Sa! hussa! dem Bräut'gam, der Braut! Sa! hus_sa! dem Bräut'gam, dem

E_cho und Fel_senwand hal_len: Sa! hussa! Sa! hussa! dem Bräut'gam, der Braut! Sa! hussa, hussa, hussa, hus_sa! dem

E_cho und Fel_senwand hal_len: Sa! hussa! Sa! hussa! dem Bräut'gam, der Braut! Sa! hussa, hussa, hussa, hus_sa! dem

E_cho und Fel_senwand hal_len: Sa! hussa! Sa! hussa! dem Bräut'gam, der Braut! Sa! hussa, hussa, hussa, hus_sa! dem

E_cho und Fel_senwand hal_len: Sa! hussa! Sa! hussa! dem Bräut'gam, der Braut! Sa! hussa, hussa, hussa, hus_sa! dem

Bräut'gam, der Braut! Sa! hus sa! dem Bräut'gam, dem Bräut' gam, der Braut, dem Bräut'gam, der Braut, dem

Bräut'gam, der Braut! Sa! hus sa, hus sa, hus sa, hus sa! dem Bräut' gam, der Braut, dem Bräut'gam, der Braut, dem

Bräuti gam, der Braut! Sa! hus sa, hus sa, hus sa, hus sa! dem Bräu ti gam, der Braut, dem Bräut'gam, der Braut, dem

Bräut'gam, der Braut! Sa! hus sa, hus sa, hus sa, hus sa! dem Bräut' gam, der Braut, dem Bräut'gam, der Braut, dem

Bräuti gam, der Braut! Sa! hus sa, hus sa, hus sa, hus sa! dem Bräu ti gam, der Braut, dem Bräut'gam, der Braut, dem

Bräut'_gam, der Braut!

(Cuno mit Caspar und den Jägern links ab.)

Bräut'_gam, der Braut!

Bräut'_gam, der Braut!

Bräut'_gam, der Braut!

Bräut'_gam, der Braut!

Dritte Scene.
Max. Kilian. Landleute.

Kilian. Ein braver Mann, der Herr Förster!_Aber nun kommt auch in den Schenkgiebel, es wird hier schon recht dämmrig und schaurig. _ (zu Max.) Wir wollen gute Freunde bleiben, wackerer Bursch. (Reicht ihm die Hand.) Auch ich gönne ihm morgen das beste Glück! Jetzt schlag' er sich die Grillen aus dem Kopfe, nehm' er sich ein Mädchen und tanz' er mit hinein.

Max. Ja, es wäre mir wie tanzen.

Kilian. Nun wie's beliebt.

3. SCENE, WALZER und ARIE.

Kilian (nimmt eine der Frauen und tanzt; die andern folgen.)

(Die Meisten drehen sich tanzend in den Schenkgiebel.)

54

(Die Uebrigen zerstreuen sich ausserhalb desselben.)

(Es ist ganz dunkel geworden)

It has grown quite dark

Fl.

Clar.

Clar.

Corni.

Viol.I.

Viola.

poco a poco morendo

Vierte Scene.

Max. Caspar (von links herbeischleichend).

Caspar. Da bist du ja noch, Kamerad! Gut, dass ich dich finde.

Max. Horchst du schon wieder?

Caspar. Ist das mein Dank? Es fiel mir unterwegs ein guter Rath für dich ein; aus treumeinendem Herzen stehle ich mich fort und laufe mich fast ausser Athem! Ich kann's, kann's nicht verschmerzen, dass du hier zum Spott der Bauern geworden bist. Teufel! Die mögen gelacht haben! Ha ha ha! Aber was hilft's! Schlag' dir's aus den Gedanken, Bruderherz! (Greift nach dem Kruge.) Wie? Was? Bier hast du? Das taugt nicht zum Sorgenbrecher. (Ruft in den Schenkgiebel.) Wein, Wein! Zwei Becher!— Kamerad! und kostete es mich den letzten Heller, ich kann dich nicht so traurig seh'n! Du musst mit mir trinken! (Das Geforderte ist indess von einem Schenkmädchen gebracht worden.)

Caspar (zu dem Mädchen). Lass ankreiden! (Mädchen unwillig ab.)

Max. Damit verschone mich! Mein Kopf ist ohnedies wüst genug. (Legt den Kopf auf die Hände.)

Caspar (giesst geschwind aus einem Fläschchen etwas in das für Max bestimmte Glas. Für sich.) So, Freundchen! Da brauchst du wenig! (Giesst schnell Wein ein.) Hilf Samiel! (Samiel schaut aus dem Gebüsch.) Du da? (Samiel verschwindet.)

Max (auffahrend). Mit wem sprachst du?

Caspar. Ich? Mit Niemand. Ich sagte: „So, Freundchen!" weil ich dir einschenkte!

Max. Ich mag aber nichts.

Caspar. Der Herr Förster soll leben! Die Gesundheit deines Lehrherrn wirst du doch mittrinken?

Max. So sei's! (Sie stossen an und trinken.)

Caspar. Nun lass uns eins singen.

4. LIED.

Allegro feroce, ma non troppo presto.

Flauti piccoli.

Oboi.

Fagotti.

Violino I.

Violino II.

Viola.

Caspar.

1. Hier im ird'schen Jammer_thal wär' doch
2. Eins ist Eins und Drei sind Drei! drum ad_
3. Oh_ne dies Tri_fo_li_um giebt's kein

Violoncello e Basso.

staccato

scherzando

Caspar.

1. nichts als Plack und Qual, trüg' der Stock nicht Trau_ben: da_rum bis zum letzten Hauch setz' ich auf Gott
2. dirt noch zweier_lei zu dem Saft der Re_ben: Kar_ten_spiel und Würfel_lust, und ein Kind mit
3. wah_res Gau_di_um seit dem er_sten Ue_bel. Fläschchen! sei mein A, B, C, Wür_fel, Kar_te,

ff   p punto d'arco

a 2.

Caspar.

1. Bachus Bauch mei_nen fe_sten Glau_ben, mei_nen fe_sten Glau_ben!
2. runder Brust hilft zum ew'_gen Le_ben, hilft zum ew'_gen Le_ben.
3. Kather_le mei_ne Bil_der_fi_bel, mei_ne Bil_der_fi_bel!

(Der Schluss des dritten Ver_
ses lautete ursprünglich:
„mein Gebetbuch, Katherle;
Karte meine Bibel.")

(Nach der ersten Strophe wird gesprochen:)

Caspar. Ei, du musst auch mit singen. (Trinkt.)

Max. Lass mich!

Caspar. Jungfer Agathe soll leben! Wer die Gesundheit seiner Braut ausschlüge, wär' doch wahrlich ein Schuft!

Max. Du wirst unverschämt. (Sie stossen an und trinken.)

(Nach der zweiten Strophe.)

Caspar. Mit dir ist aber auch gar nichts anzufangen. (Trinkt.)

Max. Wie kannst du mir zumuthen, in so etwas einzustimmen.

Caspar. Unser Herr Fürst soll leben! Wer nicht d a b e i ist, wär' ein Judas!

Max. Nun denn, aber dann auch keinen Tropfen mehr. (Sie stossen an und trinken. Max weht sich mit dem Hute Luft zu und giebt sonst zu erkennen, dass ihm heiss sei.)

(Nach der dritten Strophe.)

Max (aufspringend). Bube! Agathe hat Recht, wenn sie mich immer vor dir warnt. (Will fort. Ist leicht berauscht.)

Caspar. Wie kannst du auch gleich so in Harnisch gerathen, Bruderherz! Ich diente noch als Bube in der letzten Fehde. Unterm Kriegsvolk lernt man solche Schelmenliedlein. (Es schlägt sieben Uhr. Max steht auf.) Willst du schon nach Hause?

Max. Ja, es wird Zeit. Es schlug Sieben.

Caspar. Zu Agathen? Das rath' ich doch nicht_ du könntest sie erschrecken. Weisst du nicht, dass sie auf einen Gewinn als gute Vorbedeutung für morgen hofft?

Max. Ach, die Arme! und ich selbst! Morgen!

Caspar. Deshalb bleib' noch und lass dir rathen! Dir könnte gar wohl geholfen werden.

Max. Mir geholfen?

Caspar (geheimnissvoll). Um dir ganz meine Freundschaft zu beweisen, könnte ich dir unter vier Augen_ nicht umsonst habe ich gegen dich zuweilen ein Wort fallen lassen._ Es giebt allerdings gewisse geheime unschuldige Jagdkünste_ diese Nacht, wo sich die Mondscheibe verfinstert, ist zu grossen Dingen geschickt._ Ein alter Bergjäger hat mir einmal vertraut_ (Man sieht S a m i e l zuweilen lauschen, ohne dass ihn die Sprechenden bemerken.)

Max. Du missest mir das Gift tropfenweis zu.

Caspar. Wie wär's, Kamerad, wenn ich dir noch heute zu einem recht glücklichen Schuss verhülfe, der Agathen beruhigte und zugleich euer morgendes Glück verbürgte?

Max. Du fragst wunderbar. Wie ist das möglich?

Caspar. Nur Muth, Muth! Was die Augen sehen, glaubt das Herz. Da nimm meine Büchse.

Max. Was soll ich damit?

Caspar. Geduld! (Schaut in die Höhe.) Zeigt sich denn nichts? Da, da! Siehst du den Stösser dort? Schiess'! (Giebt ihm das Gewehr.)

Max. Bist du ein Narr? Oder glaubst du ich bin's? Es ist schon ganz düster, der Vogel schwebt wie ein schwarzer Punkt in der Luft, wolkenhoch über der Schussweite.

Caspar. Schiess' in's T_ Schellenobers Namen! Ha ha!

Max (berührt wie im Zweifel den Stecher; das Gewehr geht los. In demselben Augenblicke hört man ein gellendes Gelächter, so dass sich Max erschrocken nach Caspar umsieht.) Was lachst du? Wie Fittiche der Unterwelt kreist's dort oben_ (Ein mächtiger Steinadler schwebt einen Augenblick wirbelnd in der Luft und stürzt dann todt zu Maxens Füssen.) Was ist das?

Caspar (der ihn aufhebt). Der grösste Steinadler, den es giebt! Was für Fänge, und wie herrlich getroffen! Gleich unter'm Flügel, sonst nichts verletzt. Kannst ihn ausstopfen lassen, Bruder, für ein Naturalienkabinet.

Max. Aber ich begreife nicht_ diese Büchse ist doch wie jede andere.

Caspar. Victoria! (Reisst dem Adler eine Feder aus und steckt sie dem Max auf seinen Hut.) Das wird dich bei den Bauern in Respect setzen, das wird Agathen erfreuen!_ So, Kamerad! Dies als Siegeszeichen.

Max. Was machst du, wird mir doch ganz schauerlich. Was hast du geladen? Was war das für eine Kugel?

Caspar. Gar keine Kugel, Närrchen. Eine trächtige Blindschleiche, die trifft allemal.

Max. Träum' ich denn?_ oder bin ich berauscht? So etwas ist mir nie begegnet. Caspar! Ich bitte dich, ich beschwöre dich, (fasst ihn) Caspar, ich bring' dich um! Sag', was war das für eine Kugel?

Caspar. Bist du verwirrt vor Freuden? Ich theile sie mit dir. (Umarmt ihn.) Das war ein Schuss! Lass' mich los!

Max (lässt ihn los). Wo hast du die Kugel her?

Caspar. Nun, wenn du Vernunft annimmst_ So sag' mir, du, der wackerste Jäger, bist du, oder stellst du dich nur so unerfahren? Wüsstest du wirklich nicht, was eine Freikugel sagen will?

Max. Albernes Geschwätz.

Caspar. Da lernt man's doch besser unter dem Kriegsvolk. Ha ha! Wie kämen die Scharfschützen zurecht, die ihren Mann aus dem dicksten Pulverdampf herausschiessen? Doch zu so etwas bedarf's anderer Künste, als bloss zu zielen und loszudrücken.

Max (den Adler betrachtend). Der Schuss ist unglaublich! In trüber Dämmerung aus den Wolken herabgeholt!_ So wäre es doch wahr?

Caspar. Zudem ist's wohl zweierlei, einem armen Erdensohne aus dem Hinterhalte das Lebenslicht ausblasen und sich eine Erbförsterei und ein allerliebstes Mädchen erschiessen.

Max. Hast du noch mehr solche Kugeln?

Caspar. Es war die letzte, sie haben gerade ausgereicht. (Pause.)

Max. Bist du doch auf einmal so wortkarg! Ausgereicht? Wie verstehst du das?

Caspar. Weil sie in dieser Nacht zu bekommen sind.

Max. In dieser Nacht?

Caspar. Ja doch! Drei Tage hintereinander steht jetzt die Sonne im Schützen, und heut' ist der mittelste; heut', wenn sich die Tage scheiden, giebt's eine totale Mondfinsterniss! Max! Kamerad! Dein Schicksal steht unter dem Einfluss günstiger Gestirne. Du bist zu hohen Dingen ausersehen. Heute, gerade in der Nacht zuvor, ehe du den Probeschuss thun, Amt und Braut dir gewinnen sollst, wo du der Hülfe so sehr bedarfst, beut die Natur selbst sich zu deinem Dienste!

Max. Wohl! Mein Geschick will's. Schaffe mir so eine Kugel.

Caspar. Mehr als du brauchst. Aber bedarf der Mann eines Vormunds?

Max. Wie erlangt man sie?

Caspar. Das will ich dich lehren. Sei punkt zwölf Uhr in der Wolfsschlucht.

Max. Um Mitternacht in der Wolfsschlucht? Nein! Die Schlucht ist verrufen und um Mitternacht öffnen sich die Pforten der Hölle.

Caspar. Pah!_ Wie du denkst!_ Und doch kann ich dich deinem Unstern nicht überlassen. Ich bin dein Freund. Ich will dir giessen helfen.

Max. Auch das nicht.

Caspar. So mache dich morgen zum Landesgespött, verlier' die Försterei und Agathen._ Ich bin dein Freund, ich will selbst für dich giessen, aber dabei musst du sein.

Max. Deine Zunge ist glatt._ Nein, an solche Dinge muss ein frommer Jäger nicht denken.

Caspar Feigling! Also nur durch fremde Gefahr, gäb's anders dergleichen,_ möchtest du dein Glück erkaufen? Und glaubst du, dann wäre deine Schuld,_ gäb' es dergleichen, geringer? Glaubst du, diese Schuld_ gäb' es dergleichen_ laste nicht schon auf dir? Glaubst du, dieser Adler sei dir geschenkt? (Den Adler ausspreizend.)

Max. Furchtbar, wenn du recht hättest!

Caspar. Sonderbar, wie du fragst! Doch Undank ist der Welt Lohn._ Ich will mir hier einen Flederwisch abhauen, dass ich wenigstens etwas davon trage (haut einen Flügel ab). Drollig, um Agathen zu trösten, wagtest du den Schuss, sie zu erwerben, fehlt es dir an Herzhaftigkeit. Das würde sich das Wachspüppchen, das mich um deinetwillen verwarf, schwerlich einbilden_ (Für sich.) Es soll gerächt werden!_

Max. Elender! Muth hab' ich.

Caspar. So bewähr' ihn! Brauchtest du schon eine Freikugel, so ist's ja ein Kinderspiel, welche zu giessen. Was dir bevorsteht ohne diese Hülfe, kannst du aus deinen bisherigen Fehlschüssen leicht abnehmen. Das Mädchen ist auf dich versessen, kann nicht ohne dich leben. Sie wird verzweifeln, du wirst, allen Menschen ein Spott, herumschleichen, vielleicht aus Verzweiflung_ (Drückt sich die Faust in die Augen.) Schäme dich, rauher Waidmann, dass du ihn mehr liebst, als er sich selbst! (Für sich.) Hilf zu, Samiel!

Max. Agathe sterben! Ich in einen Abgrund springen!_ Ja, das wäre das Ende_ (Giebt Caspar die Hand.) Bei Agathens Leben_ ich komme!

Samiel (erscheint, nickt und verschwindet).

Caspar. Schweig' gegen Jedermann, es könnte dir und mir Gefahr bringen. Ich erwarte dich. Glock zwölf!

Max. Ich dich verrathen? Glock zwölf! Ich komme! (Schnell ab nach links.)

Fünfte Scene.

Caspar allein.

5. ARIE.

Caspar (ihm höhnisch nachsehend).

Schweig'! Schweig'! damit dich niemand warnt; schwei _ ge, damit dich niemand warnt! Der

68

Caspar.

Tri umph!—die Rache gelingt! Triumph! die Rache gelingt! die Rache, die Rache gelingt! Triumph! die

Caspar.

umph!___ die Ra_____che,die Rache ge-lingt,___ die Ra___

Fl. picc.

Caspar.

-che, die Rache ge-lingt! Tri-umph! Tri-umph!__ die Rache ge-

Caspar.

lingt! Tri _ umph! Tri _ umph! _____ die Ra _ che _____ gelingt! Tri _ umph, die Rache gelingt! Tri -

75

Caspar.

(ab nach rechts.)

(Der Vorhang fällt.)

umph, die Rache gelingt!

Ende des ersten Actes.

Zweiter Akt.

Erste Scene.

Vorsaal mit zwei Seiteneingängen im Forsthause, Hirschgeweihe und düstere Tapeten mit Jagdstücken geben ihm ein alterthümliches Ansehen und bezeichnen ein ehemaliges fürstliches Waldschloss. In der Mitte ein mit Vorhängen bedeckter Ausgang, der zu einem Altan führt. Auf der linken Seite Aennchens Spinnrad, auf der rechten ein grosser Tisch, worauf ein Lämpchen brennt und ein weisses Kleid mit grünem Bande liegt, daneben ein Gefäss mit weissen Rosen.

6. DUETT.

Agathe.
wiss, das war nicht recht! Al - les wird dir zum Fe - ste,

Aennchen.
wiss, das war recht schlecht! (Sie steigt von der Leiter herab und setzt sie fort.)

Agathe.
alles beut dir La - chen und Scherz. O! — wie anders fühlt mein Herz, o! —— wie

Aennchen.

das nur ist Hochge _ winn! _ Sorgen und Gram muss man verja _ _ gen, Sorgen und Gram muss man verja _ _ gen.

Aennchen.

Im _ mer mit leichtem Sinn! _ Grillen sind mir bö _ se Gäste! Immer mit leichtem Sinn tanzen durch's Leben hin,

punto d'arco

punto d'arco

Agathe.

ah_ _nungs vol _ le Herz; _ um dich _ muss es za_gen,

Aennchen.

tanzen durch's Leben, durch's Le _ ben hin! Grillen sind mir bö_se, bö _ se Gäste! Grillen sind

Agathe.

dies ah_nungsvol _ le Herz!

Aennchen.

mir bö_se, bö _ se Gä _ ste!

Aennchen (besieht das Bild). So, nun wird der Altvater wohl wieder ein Jahrhundertchen festhängen. Da oben mag ich ihn recht gern leiden,_ (zu Agathe.) aber du hast das Tuch schon abgebunden? Das Blut ist doch völlig gestillt?

Agathe. Sei ohne Sorgen, liebes Aennchen! Der Schreck war das Schlimmste._ Wo nur Max bleibt?

Aennchen. Nun kommt er gewiss bald, Herr Cuno sag-te ja bestimmt, dass er ihn noch einmal heim senden werde.

Agathe. Es ist recht still und einsam hier.

Aennchen. Unangenehm ist's freilich, in einem solchen verwünschten Schlosse am Polterabende fast mutterseelen allein zu sein, zumal wenn sich so ehrwürdige, längst vermoderte Herrschaften mir nichts dir nichts von den Wänden herabbemühen; da lob' ich mir die lebendigen und jungen.

7. ARIETTE.

Flauti.

Oboi.

Fagotti.

Corni in C.

Violino I.

Violino II.

Viola.

Aennchen.

Violoncello.

Basso.

Aennchen (mit lebhafter Pantomime).

Kommt ein schlanker Bursch ge _ gangen, blond von Locken oder braun, hell von Aug' und

Aennchen.

wollt ihr mich im Kranze seh'n? Gelt! das ist ein net_tes Bräutchen, und der Bursch nicht minder

Aennchen.

schön, und der Bursch nicht minder schön, und der Bursch, der Bursch nicht min_der schön? Immer nä_her, lie_ben

Aennchen.

Leutchen, wollt ihr mich im Kranze seh'n? Gelt! das ist ein net_tes Bräutchen und der Bursch, der Bursch nicht

Agathe (die während des Liedes angefangen hat, das Kleid mit Band zu besetzen, fällt am Schluss mit ein). Und der Bursch nicht minder schön.

Aennchen. So recht! So gefällst du mir, Agathe! So bist du doch wie ich sein werde, (wichtig) wenn ich einmal Braut bin.

Agathe. Wer weiss! Doch ich gönne dir's von Herzen. Ist auch mein Brautstand nicht ganz kummerlos, besonders, seit ich heute von dem Eremiten zurück kam, hat mir's wie ein Stein auf dem Herzen gelegen. Jetzt fühle ich mich um Vieles leichter.

Aennchen. Wie so? Erzähle doch! Noch weiss ich gar nicht, wie dein Besuch abgelaufen ist, ausser dass dir der fromme Greis diese geweihten Rosen geschenkt hat.

Agathe. Er warnte mich vor einer unbekannten, grossen Gefahr. Nun ist seine Warnung ja in Erfüllung gegangen, das herabstürzende Bild konnte mich tödten.

Aennchen. Gut erklärt! So muss man böse Vorbedeutungen nehmen.

Agathe. Die Rosen sind mir nun doppelt theuer und ich will ihrer auf das treueste pflegen.

Aennchen (ergreift das Gefäss mit Rosen). Wie wär's, wenn ich sie in die Nachtfrische vor's Fenster setzte?

Agathe. Thue das, liebes Aennchen.

Aennchen. Aber dann lass uns auch zu Bette gehen.

Agathe. Nicht eher, bis Max da ist.

Aennchen. Hat man nicht seine Noth mit euch Liebesleutchen. (Sie entfernt sich mit den Rosen nach rechts.)

Zweite Scene.

Agathe allein.

8. SCENE und ARIE.

Agathe. dort, in der Ber_ge Fer_ne, scheint ein Wet_ter auf_zu_zieh'n. Dort am Wald auch schwebt ein Heer düst'rer Wolken dumpf und

Vcello.

Basso.

Adagio.
Fl.

Clar.

Agathe. schwer. Zu dir wen_de ich die Hän_de, Herr ohn' An_fang und ohn' En_de! Vor Ge-

Viol.I.

Viol.II.

Viola.

Agathe. fah_ren uns_ zu wah_ren, sen_de dei_ne En_gel_schaa_ren!

Recit.

scheint mich noch nicht zu seh'n__ Gott! täuscht das Licht des Mond's mich nicht, so schmückt ein Blumenstrauss den Hut!__ Ge_

wiss, er hat den be_sten Schuss ge_than! Das kün__det Glück für mor___gen

Vivace con fuoco.

an! O sü__sse Hoffnung! Neu_be_leb_ter Muth!

Agathe.

All' meine Pulse schlagen und das Herz wallt un_ge_stüm,

Corni in E.

Agathe.

süss ent _ zückt ent _ ge _ gen ihm, _ süss ent _ zückt ent _ ge _ gen ihm!

Pfand der Hoff_nung an,— Him _ mel,— nimm des__ Dan _ kes Zäh _ ren für__ dies

Pfand___ der Hoff_ nung an! All'mei_ne Pul_se schlagen und das Herz wallt un_ge_stüm;

Dritte Scene.

Agathe. Max (verstört und heftig von links eintretend).
Aennchen (von rechts, in Nachtkleidern gleich nach ihm eintretend).

Agathe. Bist du endlich da, lieber Max?

Max. Meine Agathe! (Sie umarmen sich. Agathe tritt still zurück, als sie statt des gehofften Strausses den Federbusch erblickt.) Verzeiht, wenn ihr meinetwegen aufgeblieben seid. Leider komm' ich nur auf wenige Augenblicke.

Agathe. Du willst doch nicht wieder fort? Es sind Gewitter im Anzuge.

Max. Ich muss!_ (Wirft den Hut auf den Tisch, dass das Lämpchen ausgelöscht wird.)

Aennchen. Gut, dass der Mond scheint, sonst sässen wir im Finstern._ (Brennt das Lämpchen wieder an. Zu Max.) Wir sind ja recht lebhaft! Vermuthlich getanzt?

Max. Ja ja! Vermuthlich.

Agathe (furchtsam, mit allen Zeichen getäuschter Hoffnung). Du scheinst übel gelaunt. Wieder unglücklich gewesen?

Max. Nein nein! Im Gegentheile._

Agathe. Nicht? Gewiss nicht?

Aennchen (zu Max). Was hast du gewonnen? Wenn's ein Band ist, Vetter, musst du mir es schenken. Bitte, bitte! Agathe hat schon Bänderkram genug von dir.

Agathe. Was hast du getroffen, Max? Heute ist mir's von Wichtigkeit.

Max (verlegen). Ich habe_ ich war gar nicht beim Sternschiessen.

Agathe. Und sagst doch, du seist glücklich gewesen?

Max. Ja doch! Wunderbar, unglaublich glücklich! Sieh'! Den grössten Raubvogel hab' ich aus den Wolken geholt. (Zeigt ihr den Federbusch auf dem Hute mit solcher Heftigkeit, dass sie entsetzt zurückfährt.)

Agathe. Sei doch nicht so hastig! Du fährst mir in die Augen.

Max. Vergieb_ (er bemerkt Blut an ihrer Stirn) aber was ist das? Du bist verwundet, deine Locken sind blutig, um aller Heiligen willen, was ist dir begegnet?

Agathe. Nichts, so viel als nichts, es heilt noch vor dem Brautgang!_ (Sich sanft an ihn schmiegend.) Du sollst dich darum deines Bräutchens nicht schämen.

Max. Aber so sagt doch nur_

Aennchen. Das Bild dort fiel herunter.

Max. Dort der Urvater Cuno?

Agathe. Wie bist du? Es ist sonst kein Bild hier.

Max. Der wackere gottesfürchtige Cuno?

Aennchen. Halb und halb war Agathe selbst schuld. Wer hiess ihr auch schon nach sieben Uhr immer an's Fenster zu laufen. Da liess sich doch kaum erwarten, dass du schon heim kämest.

Max. Um sieben Uhr?

Aennchen. Du hörst's ja, die Thurmuhr drüben im Dorfe hatte kaum ausgeschlagen.

Max. Seltsam! (Für sich.) Um diese Zeit schoss ich den Bergadler_

Agathe. Du sprichst mit dir selbst! Was hast du?

Max. Nichts! Nichts auf der Welt!

Agathe. Bist du unzufrieden mit mir?

Max (mit steigender Verlegenheit). Nein,_ wie könnt' ich? Ja denn! Ich bringe dir eine Bürgschaft meines wiederkehrenden Glückes_ Sie hat mich viel gekostet, und du_ du freuest dich nicht einmal darüber. Ist das auch Liebe?

Agathe. Sei nicht ungerecht, Max! Noch weiss ich ja nicht_ so grosse Raubvögel, wie ich diesen mir denken muss, haben immer etwas Furchtbares.

Aennchen. Das dächt' ich nicht, mir sehen sie recht stattlich aus.

Agathe (zu Max). O steh' nicht so in dich gekehrt! Ich liebe dich ja so innig. Solltest du morgen nicht glücklich sein, solltest du mir, ich dir entrissen werden_ o gewiss, der Gram würde mich tödten!

Max. Drum_ eben darum muss ich wieder fort.

Agathe. Aber was treibt dich?

Max. Ich habe_ ich bin noch einmal glücklich gewesen.

Agathe. Noch einmal?

Max (ohne Agathe ansehen zu können). Ja doch, ja! Ich habe in der Dämmerung einen Sechzehnender geschossen, der muss noch hereingeschafft werden, sonst stehlen ihn des Nachts die Bauern.

Agathe. Wo liegt der Hirsch?

Max. Ziemlich weit_ im tiefen Walde_ bei der Wolfsschlucht.

9. TERZETT.

Wie? Was? Ent‑setzen! Dort in der Schreckensschlucht? Dort in der Schreckens‑

schlucht?

Der wilde Jä‑ger soll dort hetzen, und wer ihn

fuoco.

Agathe. *f*
leb' wohl! leb' _____ wohl!

Aennchen.
leb' wohl! leb' _____ wohl!

Max. *f*
leb' wohl! leb' _____ wohl!

(Max geht hastig fort und kehrt in der Thür noch einmal zurück.) (Mit Wehmuth.)
Doch

Andantino.
Fag.
Solo.

Agathe.
Nichts fühlt mein Herz als Be_ben, nimm meiner Warnung acht!

Max.
hast du auch ver_ge_ben den Vorwurf, den Ver_dacht? Hast du auch ver_ge_ben den Vorwurf, den Ver_dacht, doch

Vierte Scene.
(Die Wolfsschlucht.)

Furchtbare Schlucht, grösstentheils mit Schwarzholz bewachsen, von hohen Gebirgen umgeben. Von einem derselben stürzt ein Wasserfall. Der Vollmond scheint bleich. Zwei Gewitter von entgegengesetzter Richtung sind im Anzuge. Weiter vorwärts ein vom Blitz zerschmetterter, ganz verdorrter Baum, inwendig faul, so dass er zu glimmen scheint. Auf der andern Seite, auf einem knorrigen Aste eine grosse Eule, mit feurig rädernden Augen. Auf andern Bäumen Raben und anderes Waldgevögel.

Caspar (ohne Hut und Oberkleid, doch mit Jagdtasche und Hirschfänger, ist beschäftigt, mit schwarzen Feldsteinen einen Kreis zu legen, in dessen Mitte ein Todtenkopf liegt. Einige Schritte davon der abgehauene Adlerflügel, Giesskelle und Kugelform.)

10. FINALE.

hu _ i! U _ hu_i! U _ hu_i! U _ hu_i!

hu _ i! U _ hu_i! U _ hu_i! U _ hu_i!

ist sie todt, die zar_te Braut!   Eh' noch wieder sinkt die Nacht,

mit glimmenden Kohlen aus
der Erde gekommen.)

C a s p a r. (sie er-
blickend.) Trefflich bedient! (Thut einen Zug aus der
Jagdflasche.)

Gesegn'es, Samiel! (Trinkt.)

C a s p a r.

Er hat mir warm
gemacht!

Aber wo bleibt
Max?

Sollte er wort-
brüchig werden?

Samiel, hilf! C a s p a r (geht, nicht

ohne Beängstigung, im Kreise hin und her. Die Kohlen drohen zu verlöschen; er kniet zu ihnen nieder, legt Reiss auf und bläst an. Die

Eule und andere Vögel heben dabei die Flügel, als wollten sie anfachen.) *pp* (Das Feuer raucht und knistert.)

M a x. (wird

Recit.

auf einer Felsenspitze, dem Wasserfall gegenüber sichtbar und beugt sich in die Schlucht herab.)

Max. *ff* Recit.

Ha! ___ Furchtbar gähnt der düst're Abgrund! Welch' ein

Andante.

Max.

Graun, das Auge wähnt in einen Höllenpfuhl zu schau'n! Wie dort sich Wetterwolken bal _ len; der

Agitato assai.

(Die verschleierte Gestalt ist verschwunden, man erblickt Agathens Gestalt mit aufgelösten Locken und wunderlich mit Laub und Stroh aufgeputzt. Sie gleicht einer Wahnsinnigen, und scheint in dem Begriff, sich in den Wasserfall hinab zu stürzen.)

Max. A _ ga _ the! Sie springt in den

Max. Fluss! Hin _ ab! hin _ ab! ich muss! A _

Anmerkung. Die folgenden beiden bis kommen in Anwendung im Fall Max nicht genug Zeit haben sollte.

Caspar (höhnisch für sich).
Ich denke wohl auch.

Max (heftig zu Caspar).
Hier bin ich, was hab'
ich zu thun?

Caspar (wirft ihm die Jagdflasche zu, die Max weg-legt). Zuerst trink' einmal! Die Nachtluft ist kühl und feucht. Willst du selbst giessen?

Max. Nein, das ist wider die Abrede.

Caspar. Nicht? So bleib' ausser dem Kreise, sonst kostet's dein Leben!

Max. Was hab' ich zu thun, Hexenmeister?

Caspar. Fasse Muth! Was du auch hören und sehen magst, verhalte dich ruhig.(Mit eigenem heim-lichen Grausen.) Käme vielleicht ein Unbekannter, uns zu helfen, was kümmert's dich? Kommt was an-ders, was thut's?— So etwas sieht ein Gescheidter gar nicht!

Max. O, wie wird das enden!

Caspar. Umsonst ist der Tod! Nicht ohne Wi-derstand schenken verborgene Naturen den Sterb-lichen ihre Schätze. Nur wenn du mich selbst zit-tern siehst, dann komme mir zu Hülfe und rufe, was ich rufen werde, sonst sind wir beide verloren.

Max.(macht eine Bewegung des Einwurfs.)

Caspar. Still! Die Augenblicke sind kostbar!
(Der Mond ist bis auf einen schmalen Streif verfinstert.
Caspar nimmt die Giesskelle.) Merk' auf, was ich hin-ein werfen werde, damit du die Kunst lernst! (Er nimmt die Ingredienzen aus der Jagdtasche und wirft sie nach und nach hinein.)

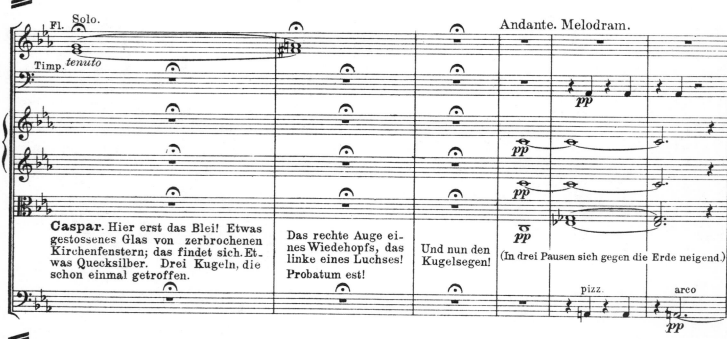

Caspar. Hier erst das Blei! Etwas
gestossenes Glas von zerbrochenen
Kirchenfenstern; das findet sich. Et_
was Quecksilber. Drei Kugeln, die
schon einmal getroffen.

Das rechte Auge ei-
nes Wiedehopfs, das
linke eines Luchses!
Probatum est!

Und nun den
Kugelsegen!

(In drei Pausen sich gegen die Erde neigend.)

Caspar. Schütze, der
im Dunkeln wacht, Sa-
miel! Samiel! Hab'

acht, steh' mir bei in dieser

Nacht, bis der Zauber ist voll-

bracht. Salbe mir so Kraut als

Allegro moderato.

Clar.

Corni in C.

Timp.

Caspar. Blei, segn' es Sieben, Neun und Drei, dass die Kugel tüchtig sei! Samiel! Samiel! her-bei!

kelle fängt an zu gähren und zu zischen, und giebt einen grünlich weissen Schein.
Eine Wolke läuft über den Mondstreif, dass die ganze Gegend nur noch von dem
Herdfeuer, den Augen der Eule und dem faulen Holze des Baumes beleuchtet ist.)
Caspar (giesst, lässt die Kugel aus der Form fallen und ruft:...........

Fl.

(Das Echo wiederholt Eins!)

Fl.

Ob.

Clar.

(Waldvögel kommen herunter, setzen sich um das Feuer, hüpfen und flattern.)

Poco più moto.

Caspar (giesst und zählt:) Zwei! (Echo. Zwei!) (Ein schwarzer Eber raschelt durch's Gebüsch und jagt wild vorüber.)

Caspar (scheint zu stutzen und zählt:)...

Caspar. ... Drei! (Echo. Drei!) (Ein Sturm erhebt sich, beugt und bricht Wipfel der Bäume,

Caspar (zählt ängstlich:) Vier! (Echo. Vier!) (Man hört Rasseln, Peitschengeknall und Pferdegetrappel.)

(Vier feurige, funkenwerfende Räder rollen über die Bühne.)

Caspar (immer ängstlicher, zählt:).. Fünf! (Echo. Fünf!)

Durch Höh-le, Sumpf und Er-den-kluft,— durch Feu-er, Er-de, See und Luft! Jo-ho, wau wau, jo-ho, wau wau, jo-

ho! ho! ho! ho! ho! ho! ho!

Caspar. Wehe, das wilde Heer!
Sechs! Wehe! (Echo. Sechs! Wehe!)

(Der ganze Himmel wird schwarze Nacht.)

(Die Gewitter treffen furchtbar zusammen. Flammen schlagen aus der Erde. Irrlichter zeigen sich auf den Bergen u.s.w.)

ff

muta in D.

Caspar (zuckend und schreiend): Samiel!

Caspar.
Samiel! hilf!
(Er wird zu Boden geworfen).

Max (gleichfalls vom Sturm hin- und herge-
schleudert, springt aus dem Kreis, fasst einen
Ast des verdorrten Baums und schreit):

Sieben!

Samiel!
(In demselben Augenblicke fängt das Un-
gewitter an, sich zu beruhigen, an der Stelle
des verdorrten Baums steht der schwarze
Jäger, nach Maxens Hand fassend).

Samiel (mit furcht-
barer Stimme):

Hier bin ich!

Max (schlägt ein
Kreuz und stürzt
zu Boden).

(Es schlägt Eins).
(plötzliche Stille).

Samiel (ist verschwunden).
Caspar (liegt noch mit dem Gesicht zu Boden).   Der Vorhang
Max (richtet sich konvulsivisch auf).   fällt.

Ende des zweiten Actes.

Dritter Akt.
11. ENTRE-ACTE.

152

Erste Scene.
Kurzer Wald.
Zwei fürstliche Jäger (von rechts).
Später Max und Caspar.

Erster Jäger. Es ist ein herrliches Jagdwetter!

Zweiter Jäger. Nimmermehr hätt' ich das geglaubt; bis gegen Morgen war ein Mordlärm.

Erster Jäger. Besonders in der Wolfsschlucht mag nun ganz und gar der Teufel losgewesen sein.

Zweiter Jäger. Das ist ein für allemal seiner Grossmutter Lustwäldchen.

Erster Jäger. Dort giebt's Windbrüche! Mannsdicke Stämme sind zersplittert wie Rohrstäbe und strecken die Wurzel gen Himmel.

Zweiter Jäger. Wer weiss, wer dort wieder einmal sein Wesen getrieben hat.

Erster Jäger. Mit deinen Fratzen! Lass uns gehen! (Sie wollen sich nach links entfernen. Max, etwas erhitzt, kommt mit Caspar.)

Erster Jäger (zu ihnen im Vorübergehen). Guten Tag!

Zweiter Jäger (zieht vor Max den Hut). Glück zu, Herr Exspectant!

Max. Gute Jagd!

Zweiter Jäger (den ersten noch zurückhaltend, auf Max deutend). Hör', sei höflich gegen den, das ist ein Mordkerl! Der hat drei Schüsse gethan._ Unser einer kann nicht so weit sehen, geschweige denn treffen. Der Fürst ist ganz versessen auf ihn. Das Glücksrädchen dreht sich wunderlich. Lauft's so fort, kann der noch Landjägermeister werden.

Erster Jäger. Meinethalben, komm! (Sie gehen links ab.)

Max (zu Caspar). Gut, dass wir allein sind. Hast du noch von den Glücks-Kugeln? Gieb!

Caspar. Das wär' mir! Bedenk', drei nahm ich, vier für dich, kann ein Bruder redlicher theilen?

Max. Aber ich habe nur noch eine, der Fürst hatte mich in's Auge gefasst. Drei Schüsse hab' ich gethan zum Erstaunen. Was hast du denn mit den Kugeln angefangen?

Caspar (nimmt zwei Elstern aus der Jagdtasche). Da sieh, zwei Elstern hab' ich damit geschossen.

Max. Bist du toll?

Caspar. 's macht mir Spass, so einen Galgenvogel herunter zu langen. (Wirft die Elstern hinter einen Busch.) Was kümmert mich die ganze fürstliche Jagd!

Max. So hast du noch eine, gieb mir sie!

Caspar. Dass ich ein Narr wäre, ich noch eine, du noch eine; die heb' dir fein zum Probeschuss auf.

Max. Gieb mir deine dritte Kugel.

Caspar. Ich mag nicht.

Max. Caspar!

Dritter Jäger (tritt von links auf. Zu Max.) Der Fürst verlangt euch zu sprechen, aber augenblicklich! Es ist ein Streit entstanden, wie weit euer Gewehr trifft (ab nach links).

Max. Sogleich. (Zu Caspar dringend.) Gieb mir die dritte.

Caspar. Nein, und wenn du mir zu Füssen fielest.

Max. Schuft! (ab nach links).

Caspar (allein). Immerhin!_ Jetzt geschwind die sechste Kugel verbraucht. (Er ladet.) Die siebente, die Teufelskugel, hebt er mir schon zum Probeschuss auf! Hahaha! Das Exempel ist richtig. Wohl bekomm's der schönen Braut!_ Dort läuft ein Füchslein; dem die sechste in den Pelz! (Er legt im Abgehen an; man hört alsbald den Schuss ausserhalb fallen.)

Zweite Scene.

(Agathens Stübchen, alterthümlich, doch niedlich verziert. An der linken Seite ein kleiner Hausaltar,
worauf in einem Blumentopfe ein Strauss weisser Rosen.)

(Agathe, bräutlich und blendend weiss, mit grünem Bande gekleidet, kniet am Altar,
steht auf und wendet sich dann vorwärts und singt mit wehmüthiger Andacht.)

12. CAVATINE.

Dritte Scene.

Agathe. Aennchen (gleichfalls geschmückt,
kommt durch die Mitte).

Aennchen. Ei, du hast dich dazugehalten! Aber du bist ja so wehmüthig? Ich glaube **gar, du hast geweint?** Brautthränen und Frühregen währen nicht lange; sagt das Sprichwort. Nun das weiss der Himmel, Regen genug hat's gegeben. Oft dacht' ich, der Sturm würde das alte Jagdschlösschen ganz über den Haufen blasen.

Agathe. Und Max war in diesem schrecklichen Wetter im Walde.— Zudem habe ich so quälende **Träume** gehabt.

Aennchen. Träume? Ich habe immer gehört, was Einem vor dem Hochzeitstage träumt, muss man sich merken. Solche Träume sollen wie Laubfrösche das ganze liebe Ehestandswetter verkündigen. Was träumtest du denn?

Agathe. Es klingt wunderbar. **Mir träumte, ich sei in eine weisse Taube verwandelt, und fliege von Ast zu Ast;** Max zielte nach mir, ich stürzte; aber nun war die weisse Taube verschwunden, ich war wieder Agathe und ein grosser schwarzer Raubvogel wälzte sich in seinem Blute.

Aennchen (klatscht in die Hände). Allerliebst! Allerliebst!

Agathe. Wie kannst du dich nur über so etwas freuen?

Aennchen. Nun der schwarze Raubvogel— da hast du ja die ganze Bescheerung: Du arbeitetest noch spät an dem weissen Brautkleide und dachtest gewiss vor dem Einschlafen an deinen heutigen Staat. Da hast du die weisse Taube! Du erschrakst vor den Adlerfedern auf Maxens Hut, es schauert dir überhaupt vor Raubvögeln; da hast du den schwarzen Vogel! Bin ich nicht eine geschickte Traumdeuterin?

Agathe. Deine Liebe zu mir macht dich dazu, liebes, fröhliches Kind! Gleichwohl!— hast du nie gehört, dass Träume in Erfüllung gingen?

Aennchen (für sich). Fällt mir denn nichts ein, sie zu zerstreuen? (Laut mit scheinbarer Ernsthaftigkeit und Furcht.) Freilich, Alles kann man nicht verwerfen! Ich selbst weiss ein grausenerregendes Beispiel.

13. ROMANZE und ARIE.

Aennchen.
Ker_zen zum Ver_ein ge_treu_er Her_zen, schon ent_zün_det sind die Ker_ _ zen,_

Clar.

Viola obl.

Aennchen.
dir_ winkt ros'_ger Hoff_nung Licht: Hol_ de Freun_din, za_ _ ge nicht,

Aennchen. Nun muss ich aber auch geschwind den Kranz holen; die alte Elsbeth hat ihn eben aus der Stadt mitge-
bracht, und ich vergessliches Ding liess ihn unten.

Vierte Scene.
Die Vorigen. Brautjungfern.

14. VOLKSLIED.

(Durch die Mittelthür Brautjungfern in ländlicher. Feiertracht.)

Aennchen: Horch! da kommen die Brautjungfern schon! (zu den Mädchen im Abgehen.)
Guten Tag, liebe Mädchen! Da singt immer die Braut an! Ich komme gleich

wieder. (ab durch die Mitte.)

V. 1. Wir win _ den dir den Jung _ fern _ kranz mit veil _ chen _ blau _ er
V. 2. La _ ven _ del, Mirth' und Thy _ mi _ an, das wächst in mei _ nem
V. 3. Sie hat ge _ spon _ nen sie _ ben Jahr den gold' _ nen Flachs am
V. 4. Und als der schmucke Frei _ er kam, war'n sie _ ben Jahr ver _

Violone.

1. Sei _ de, wir füh _ ren dich zu Spiel und Tanz, zu Glück und Lie _ bes _ _ freu _ de!
2. Gar _ ten, wie lang bleibt doch der Frei _ ers _ mann? Ich kann es kaum er _ _ war _ ten.
3. Ro _ cken, das Hemd _ lein ist wie Spinn _ web' klar und grün der Kranz der Lo _ cken.
4. ron _ nen; und weil er die Herz _ lieb _ ste nahm, hat sie den Kranz ge _ _ won _ nen.

Schö _ ner, grü _ ner,

schö _ ner, grü _ ner Jungfern _ kranz,   veil _ chen _ blau _ e Sei _ de,   veil _ chen _ blau _ e Sei _ de!

Fünfte Scene.

Die Vorigen. Aennchen

(mit einer zugebundenen runden Schachtel eintretend).

Aennchen. Nun, da bin ich wieder. Aber fast wär' ich auf die Nase gefallen. Kannst du dir's denken, Agathe! Der alte Herr Cuno haben schon wieder zu spuken beliebt.

Agathe (beklommen). Was sagst du?

Aennchen. Dass ich über das alte Bild fast die Beine gebrochen hätte. Es ist in dieser Nacht zum zweitenmale von der Wand gefallen,und hat ein tüchtiges Stück Kalk mit herunter gebracht. Der ganze Rahmen ist zertrümmert.

Agathe. Fast könnte ich mich ängstigen! Es war der Urvater unsres Stammes.

Aennchen. Du zitterst auch vor einer Spinne! In einer so tollen Nacht, wo alle Pfosten zittern und krachen, ist's da zu verwundern? Auch führ' ich wohl nicht sonderlich den Hammer, und der alte Nagel war ganz verrostet. Nun frisch, noch ein Mal das Ende des Liedchens! (Sie schneidet den Bindfaden entzwei, kniet tändelnd vor Agathen nieder und überreicht ihr die Schachtel, während sie mit den Andern singt:)

Schö-ner, grü-ner, schö-ner, grü-ner Jung-fern-kranz, veil-chen-blau-e Sei-de!

(Alle, ausser Aennchen, die noch kniet, fahren gleichfalls erblassend zurück.)

Aennchen. Nun was ist denn?

Agathe (nimmt den Kranz heraus; es ist ein silberner Todtenkranz).

Aennchen (sehr erschrocken). Eine Todtenkrone! Nein, das ist— (aufspringend und ihre Verlegenheit verbergend) das ist nicht zum Aushalten! Da hat die alte halbblinde Botenfrau, oder die Verkäuferin gewiss die Schachteln vertauscht! (Die Brautjungfern sehen einander bedenklich an. Agathe blickt still vor sich nieder, und faltet die Hände.) Aber was fangen wir nun an? (sie macht die Schachtel zu und verbirgt sie schnell) Weg damit!— Einen Kranz müssen wir haben!

Agathe. Vielleicht ist dies ein Wink von oben. Der fromme Eremit gab mir die weissen Rosen so ernst und bedeutend; windet mir daraus die Brautkrone! Vor dem Altar und im Sarge mag die Jungfrau weisse Rosen tragen!(Aennchen nimmt die Rosen schnell aus dem Blumentopfe und verschlingt sie zu einem Kranze.)

Aennchen. Ein herrlicher Einfall. Sie verschlingen sich von selbst— und steh'n dir allerliebst! (Sie setzt den Kranz Agathen auf.) Doch nun lasst uns gehen, unsre Begleiter werden sonst ungeduldig— Singt!— Singt!—(Die Jungfern und Aennchen im Abgehen mit gedämpfter Stimme:)

Schö_ner, grü _ ner, schö_ner, grüner Jungfernkranz, veilchenblaue Sei _ de, veilchenblaue Sei _ de!

(Verwandlung; gleich weiter.)

Sechste Scene.

Eine romantisch schöne Gegend. An der rechten Seite und in der Hälfte des Hintergrunds die fürstlichen Jagdgezelte, worin vornehme Gäste und Hofleute bankettiren. Auf der linken Seite sind Jäger und Treibleute gelagert, welche gleichfalls schmausen; hinter ihnen erlegtes Wildpret in Haufen aufgethürmt.

Ottokar im Hauptzelt an der Tafel; am untersten Platz Cuno. Max in Cuno's Nähe, doch ausserhalb des Zelt's, auf seine Büchse gestützt. Auf der entgegengesetzten Seite Caspar, hinter einem Baume lauschend. Zuletzt Agathe, Aennchen, der Eremit, die Brautjungfern und Landleute.

15. Jägerchor.

1. Er—den dem Jä—ger—ver—gnü—gen, wem spru—delt der Be—cher des Le—bens so reich? Beim Klan—ge der Hör—ner im
2. kun—dig die Nacht zu er—hel—len, wie la—bend am Ta—ge ihr Dun—kel uns kühlt; den blu—ti—gen Wolf und den

Grü_nen zu lie_gen, den Hirsch zu ver_fol_gen durch Di_ckicht und Teich,
E_ber zu fäl_len, der gie_rig die grü_nen_den Saa_ten durch_wühlt,

ist fürst_li_che Freu_de, ist männ_lich Ver_lan_gen, er_star_ket die Glie_der und wür_zet das Mahl; wenn Wäl_der und Fel_sen uns

hal_lend um_fan_gen, tönt frei_er und freud'_ger der vol_le Po_kal! Jo_ho tra la la la la la la la la la la

a 2.

scherzando

4 oder 8 Solostimmen.

la   la la   la   la la   la la la la   la la la la   la   la la   la   la la

Chor unisono.

la la la la la la   la la la la la la   la la la la la la   la la la la la la   la la la la la la   la la la la la la

la la la   la la la   la la la   la la   la la   la la la la   la la la la   la la   la   la la

la la la la la la   la la la la la la   la la la la la la   la la la la la la   la la la la la la   la   la la la la la la

a 2.
la la la la la la la la la la la la la la la la la la la la la la
la la la la la la la la la la la la la la la la la la la la la la la la la la la la la la la la la la la la la la
Fl.
a 2.
ff
Ob.
ff
Clar.
ff
Fag.
ff
Corni.
Trombe.
ff
Timp.
ff
Tromb.
ff
ff
Viol.
ff
Viola.
ff
Ten.
la la la la la la la la la la la la la la la la la la la la la la la.
Bass.
Chor.
la la la la la la la la la la la la la la la la la la la la la la la la la.
Violonc. e Basso.
ff

(Anstossen der Gläser und lautes Gejubel.)

Ottokar. Genug nun der Freuden des Mahles, werthe Freunde und Jagdgenossen! Und nun noch zu etwas Ernstem. Ich genehmige sehr gern die Wahl, welche Ihr, mein alter wackerer Cuno, getroffen; der von Euch erwählte Eidam gefällt mir.

Cuno. Ich kann ihm in allen das beste Zeugniss geben, gewiss wird er sich stets bemühen, Eurer Gnade würdig zu werden.

Ottokar. Das hoff' ich, sagt ihm, dass er sich bereit halte.

Cuno (geht aus dem Zelte, spricht mit Max und geht dann wieder hinein).

Caspar. Wo bleibt nur das Döckchen? Hilf Samiel! (Klettert auf den Baum und sieht sich um.)

Ottokar. Wo ist die Braut? Ich habe mich nach ihr erkundigt und so viel zu ihrem Lobe gehört, dass ich auf ihre Bekanntschaft recht neugierig bin.

Cuno. Nach dem Beispiel Eures hohen Vorfahren waret Ihr immer sehr huldreich gegen mich und mein Haus.

Max (hält die Kugel in der hohlen Hand und blickt starr auf sie hin). Dich sparte ich auf, unfehlbare Glückskugel! Aber du lastest jetzt zentnerschwer in meiner Hand.

Cuno. Der Zeit nach muss meine Tochter bald hier sein. Doch wollt Ihr mir gnädig Gehör schenken, Herr Fürst, so lasst den Probeschuss vor ihrer Ankunft ablegen. Der gute Bursch hat seit einiger Zeit_ wo freilich die Entscheidung seines Glückes immermehr heran nahte_ ganz besondern Unstern gehabt, und ich fürchte, die Gegenwart der Braut könnte ihn in Verwirrung setzen.

Ottokar. Er scheint mir allerdings für einen Waidmann noch nicht kaltes Blut genug zu besitzen. So lang' ich ihn nur aus der Ferne beobachtete, that er drei Meisterschüsse; aber seit dem Augenblick, da ich ihn rufen liess, hat er stets gefehlt.

Cuno. Das steht nicht zu läugnen, und doch war er früher stets der Geschickteste.

Ottokar. Wer weiss, ob es uns Beiden am Hochzeittage besser gegangen wäre. Indess altes Herkommen muss man ehren, zudem (lächelnd und laut, dass es Max vernehmen soll) habt Ihr ja noch einen älteren Jägerburschen, dem_ wenigstens den Jahren nach_ der Vorzug gebührte.

Cuno. Dieser_ Herr Fürst_ erlaubt mir...

Max. Caspar hat vielleicht noch seine letzte Freikugel, er könnte wohl gar_ (Ladet hastig und stösst die Kugel in den Lauf.) Noch einmal und nimmer wieder.

Ottokar. Nun, es ist blos um das Herkommen. zu beobachten und meine Gunst zu rechtfertigen. (Tritt aus dem Gezelt, Gäste und Hofleute folgen.) Wohlauf, junger Schütz! Einen Schuss, wie heut' früh Deine Drei ersten und Du bist geborgen_ (nach links schauend) siehst Du dort auf dem Zweige die weisse Taube? Die Aufgabe ist leicht_ Schiess!

Max (legt an. In dem Augenblicke, da er losdrücken will, tritt Agathe mit den Uebrigen zwischen den Bäumen heraus, wo die weisse Taube sitzt.)

Agathe. Schiess nicht, Max! Ich bin die Taube! (Die Taube flattert auf und nach dem Baume, von welchem Caspar eilig herabklettert. Max folgt mit dem Gewehr, der Schuss fällt. Die Taube fliegt fort. Sowohl Agathe als Caspar schreien und sinken. Hinter der ersten tritt der Eremit hervor, fasst sie auf und verliert sich dann wieder unter dem Volke._ Dies Alles ist das Werk eines Augenblicks. Sobald der Schuss fällt, beginnt das Finale.)

seine Umgebung sind zu **Agathen** geeilt, geringere Jäger zu **Caspar**. **Agathe** wird in den Vordergrund auf eine Rasenerhöhung gebracht. Alle sind um sie beschäftigt. **Max** liegt vor ihr auf den Knieen.)

Agathe. (aus schwerer
Ohnmacht erwachend.)

Wo

bin ich? War's Traum nur, dass ich sank? O fas_se dich!

Sie lebt!

Den Heil'gen Preis und

Sie lebt!

Den Heil'gen Preis und

Preis und Dank! Den Heil'gen Preis und

Preis und Dank! Den Heil'gen Preis und

Den Heil'gen Preis und Dank!

Den Heil'gen Preis und

Max.

Dank! Sie hat die Augen offen, den Heil'gen Preis_____ und Dank, den Heil'_gen Preis und

Cuno.

Dank! Sie hat die Augen offen, den Heil'gen Preis und Dank,__ Preis und

den Heil'gen Preis,

Dank! Sie hat die Augen offen, den Heil'gen Preis und Dank, den Heil'gen Preis und

Dank! Sie hat die Augen offen, den Heil'gen Preis_____ und Dank, den Heil'gen Preis und

Dank! Sie hat die Augen offen, den Heil'gen Preis und Dank,__ Preis und

Ottokar.

Dein harrt der Kerker, kehrst du je zu_rück!

Ob. Adagio maestoso.

Clar.

Fag. ff

Corni in C.

Corni in Es.

Tromboni.

Adagio maestoso.

Andante con moto.
a 2.
dolce
dolce
a 2.
dolce

Andante con moto.

(Der Eremit tritt von links auf. Alle weichen ehrerbietig vor ihm zurück und begrüssen ihn demuthsvoll. Selbst der Fürst entblösst sein Haupt.) Eremit.

Ottokar.

Wer legt auf ihn so strengen Bann? Ein Fehltritt, ist er solcher Büssung werth?

Bist

Ob.

Clar.

Fag.

Corni in Es.

Ottokar.

du es, heil'_ger Mann, den weit und breit die Gegend ehrt? Sei mir ge_grüsst, Ge_segne_ter des Herrn! Dir bin auch

Vcello.

Bassi

Eremit. Dämme bricht, ist's recht, auf ei_ner Ku_gel Lauf zwei ed_ler Her_zen Glück zu se_tzen? Und un_ter_lie_gen sie den

Eremit. Ne_tzen, wo_mit sie Lei_denschaft um_flicht, wer hüb'den er_sten Stein wohl auf? Wer griff' in sei_nen Busen

Eremit. (mit finsterem Blick auf Max.) nicht? Drum fin_de nie der Pro_beschuss mehr statt! Ihm, Herr! der schwer gesün_digt hat.

194

Sopran. Alt.

Bli _ cke er_he _ ben und fest auf die Len_kung des E _ wi_gen bau'n, fest_ der Mil_de des Va_ters_ ver_

Tenor.

Bli _ cke er_he _ ben und fest auf die Len_kung des E _ wi_gen bau'n, fest_ der Mil_de des Va_ters_ ver_

Bass.

Bli _ cke er_he _ ben und fest auf die Len_kung des E _ wi_gen bau'n, fest der Mil_de des Va_ters_ ver_

Sopran. Alt.

trau'n; der rein ist von Her _ zen und schuld_los von Le _ ben, darf kind_lich der Mil _ de des Va _ ters ver_

Tenor.

trau'n; der rein ist von Her _ zen und schuld_los von Le _ ben, darf kind_lich der Mil _ de des Va _ ters ver_

Bass.

trau'n: der rein ist von Her _ zen und schuld_los von Le _ ben, darf kind_lich der Mil _ de des Va _ ters ver_

trau'n,   darf   kind _ _ lich der   Mil _ _ _ de des   Va _ _ ters ver_

trau'n,   darf   kind _ _ lich der   Mil _ _ _ de des   Va _ _ ters ver_

trau'n,   darf   kind _ _ lich der   Mil _ _ _ de des   Va _ _ ters ver_

trau'n, darf kind - lich der Mil - de des Va - ters ver - trau'n!

Tenor.

trau'n, darf kind - lich der Mil - de des Va - ters ver - trau'n!

Bass.

trau'n, darf kind - lich der Mil - de des Va - ters ver - trau'n!

Ende der Oper.